Respirare in acqua calda

2° edizione
riveduta e aggiornata - settembre 2014

edizioniScuoladiRespiro

dedicato a mia madre e mio padre
dal profondo del cuore
per avermi dato modo
di arrivare su queso “piano”
e fare le esperienze
che mi hanno permesso di scoprire
tutto ciò che ho scoperto finora...

Edizione Scuola Di Respiro, stampato con la piattaforma di selfpublishing Lulu.com

:-: copertina e impaginazione: Studio D

INDICE

INTRODUZIONE

IL RESPIRO ALTERATO, IL TECNOSTRESS E LE NUOVE PATOLOGIE DIGITALI

- di **Enzo Di Frenna** -
presidente Netdipendenza Onlus,
formatore aziendale nel settore della salute e sicurezza sul lavoro,
ai sensi del Testo Unico 81-2008

Ho collaborato alla prima stesura di questo libro, pubblicato per la prima volta nel 2000. All'epoca curai l'editing e le interviste nel capitolo delle testimonianze, che ritrovate anche in questa edizione, ma ampliate.
Ho praticato la tecnica del Rebirthing fin dal 1998 e successivamente ho sperimentato la Coccoloterapia in acqua calda con Paolo Cericola. Sono esperienze molto interessanti, che mi hanno aiutato a capire l'importanza del respiro nel mantenimento della salute e del benessere personale.
Il respiro è la base della vita. Possiamo rimanere settimane senza mangiare, un giorno intero senza bere, ma non possiamo smettere di respirare per più di 40 o 50 secondi. I più resistenti e gli esperti di apnea subacquea possono arrivare fino a 4 o 5 minuti. Ma poi anche loro sono costretti a respirare di nuovo, altrimenti rischiamo la morte.
Il respiro, dunque, è strettamente connesso al ciclo vita-morte. L'inspirazione è la vita che entra, l'espirazione la vita che esce. Quando nasciamo la prima cosa che facciamo è un respiro ed è l'ultima cosa che pratichiamo un istante prima di morire. Aria, ossigeno, energia, prana. Questo è il respiro.
Come formatore aziendale nell'ambito della sicurezza sul lavoro, fin dal 2002, mi sono accorto che i ritmi sempre più accelerati e tecnologici inducono i lavoratori a trattenere il respiro. Piccole e micro apnee sono frequenti, a causa della tensione mentale, del numero enorme di impegni da portare a termine.
Oggi ricopro l'incarico di presidente di Netdipendenza Onlus - unica associazione no profit in Italia che si occupa di prevenzione del tecnostress e videodipendenza - e posso assicurarvi che il fenomeno del respiro alterato negli

ambienti di lavoro è cresciuto in modo esponenziale. I lavoratori digitali respirano male. Sono costantemente sotto pressione, sempre connessi a internet, a stretto contatto quotidiano con le nuove tecnologie digitali. Vivono di corsa. Non hanno mai tempo. Il lavoro toglie loro il respiro!
Quindi, la nuove edizione del libro di Paolo Cericola "*Respirare in acqua calda*" è un guida davvero utile per i lavoratori moderni, che hanno bisogno di ritrovare il proprio benessere e difendere la salute. Il Testo Unico 81 del 2008 e il Decreto legistlativo 106 del 2009 hanno introdotto l'obbligo di valutare lo stress in azienda. Vorrei aggiungere che andrebbe valutato anche quanto e come respirano i lavoratori, un pò scherzando e un pò sul serio. Sì, perchè il livello di areazione microclimatica dell'ufficio e il modo di respirare dei dipendenti sono indicatori essenziali per capire se il tecnostress è in agguato.
Nel 2009 Netdipendenza Onlus ha prodotto il video di prevenzione "*Oggi respiro senza tecnostress*", che è stato selezionato al Babelgum Film Online Festival, del regista americano Spike Lee. Paolo Cericola ha collaborato all'inizitiva e ha prodotto anche un suo video, con i consigli utili per prevenire il tecnostress e gli attacchi di panico.
In conclusione, questo libro va letto e consigliato agli amici. E' un invito a entrare in acqua calda e conoscere altre sfumature del respiro. Ma soprattutto è un invito a recuperare il benessere e la gioia di vivere.

Enzo Di Frenna
presidente Netdipendenza Onlus
www.netdipendenzaonlus.it

Respirare in acqua calda

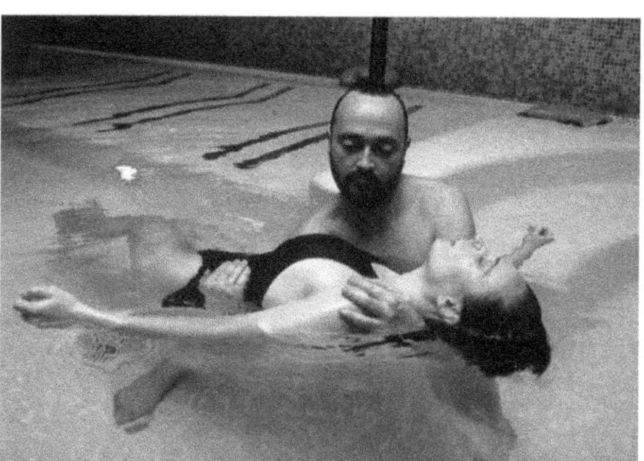

Paolo Cericola, presidente della Scuola di Respiro, durante una seduta di respiro in acqua calda

Scuola di Respiro

Scuola di Respiro è la prima scuola italiana
specializzata da 30 anni
in Tecniche di Respiro Originario
che producono molto velocemente i vantaggi di:
maggiore e miglior Salute,
più Gioia,
ed anche una potente Crescita Personale
e Spirituale
e soprattutto per aiutarti a riscoprire
la "MERAVIGLIA CHE SEI!"

Ecco di seguito le attività che svolge:

Formazione Professionale in Rebirthing e sue evoluzioni
http://www.scuoladirespiro.com/Rebirthing%20Formazione%20Professionale.htm

Percorso di Crescita Personale di un anno
http://www.scuoladirespiro.org/percorso-di-crescita-personale/

Mini Percorso di Crescita Personale di 3 mesi
http://www.scuoladirespiro.org/mini-percorso-di-crescita-personale/

Vacanze Alternative e Terapeutiche
http://www.scuoladirespiro.org/vacanze-alternative-terapeutiche/

Capodanno Alternativo
http://www.scuoladirespiro.org/capodanno-alternativo-terapeutico/

Settimane Terapeutiche Personalizzate
http://www.scuoladirespiro.org/i-nostri-lavori-migliori/

Sedute individuali su appuntamento
chiamando lo 06-4462523 oppure 338-8188121

Un Bonus Speciale per Te!
Per ringraziarti di aver acquistato questo libro, ti offro una speciale video intervista di circa un'ora fatta a Paolo Cericola da Daniele Penna
http://www.scuoladirespiro.com/IntervistaDanielePenna.htm

Contatti

Un abbraccio grande
Paolo Cericola
L'Esperto Italiano di Respiro Consapevole, fuori e dentro l'acqua.

Per qualsiasi altra informazione
Scuola di Respiro

06-4462523
338-8188121
Fax 06-99268364

skype: sdrscuoladirespiro
e-mail: info@scuoladirespiro.com
SITO: www.scuoladirespiro.com
NUOVO SITO E BLOG www.scuoladirespiro.org
Facebook: www.facebook.com/scuoladirespiro
YouTube: www.youtube.com/user/ScuoladiRespiro

PRECISAZIONE IMPORTANTE

In questo libro parlo di diverse metodiche: il Rebirthing, poi il Rebirthing in acqua calda e la coccoloterapia® in acqua calda. Ma c'è un'ultima metologia che è il tramite di passaggio tra il Rebirthing in acqua calda e la coccoloterapia®: ed è il Respiro della Memoria®. Ai tempi in cui ho scritto questo libro ancora lo chiamavo Rebirthing.

Il Rebirthing è la tecnica con cui ho iniziato il mio percorso oltre 30 anni fa e che ho usato personalmente su di me e con i miei clienti ininterrotamente per quindici anni, ma a un certo punto la cosa si è evoluta nel 1995 nel momento in cui ho riconosciuto la sua nascita - cioè il Respiro della Memoria® - quando parlo della ragazza che era venuta da me per il mal di testa e il terrore degli uccelli.
Il passaggio a chiamarlo Respiro della Memoria® è accaduto quando qualcuno mi fece delle domande in merito al Rebirthing e a quello che mi aveva visto fare, facendomi notare molte differenze tra il Rebirthing e il Respiro della Memoria®. Per cui ho iniziato a chiamare il mio metodo Respiro dela Memoria®, poco dopo aver scritto e stampato questo libro. In molti passaggi chiamo il rebirthing quello che nel secondo libro chiamo regolarmente il Respiro della Memoria®.

La Coccoloterapia® è dunque una evoluzione del Respiro della Memoria® e non del Rebirthing in acqua calda, perché ho dovuto trovare un altro metodo per poter far meglio il mio lavoro.

Paolo Cericola
13 febbraio 2014

RINGRAZIAMENTI

E NOTE ALLA NUOVA EDIZIONE 2014

Nel mio viaggio personale ho conosciuto molte persone che mi hanno fatto scoprire grandi insegnamenti. Il respiro consapevole mi ha permesso di ri-vivere la mia nascita e il primo essere a cui va la mia gratitudine è mia madre: ho impiegato trentacinque anni per scoprire che alla mia nascita il giudizio e la mancata accettazione avevano già segnato il mio percorso. Lei era uno specchio e un'opportunità di comprensione «per me» e ho imparato ad amarla con i suoi limiti, riconoscendola come «creatura meravigliosa» e come maestra di vita. Ringrazio mio padre per l'amore che ha tentato di darmi in tutti i modi: ma in tutti i modi ho rifiutato quell'amore e l'ho capito poco prima della sua morte. Ora lo so e gli dico grazie. Insieme a loro ringrazio la Vita, del quale i miei genitori sono stati il tramite per fare ingresso nel più vasto oceano di esperienza umana.
Sono veramente grato alla mia famiglia, che ha condiviso la mia «trasformazione» e la mia «ri-nascita»: a mia ex moglie Rossella e alle mie due splendide figlie, Pamela e Barbara, va il mio abbraccio dal più profondo del cuore. Ho imparato da loro molte cose e la più importante è accettare una persona senza giudicarla, così com'è, fin dalla nascita.
Ringrazio il dottor Lattuada per gli insegnamenti di biotransenergetica; Konrad Halbig per la «visione» terrena del Rebirthing; Antonella Vicini, Lida Perry e Silvia Scagliotti per la formazione professionale nel Rebirthing; il «padre fondatore» del Rebirthing, Leonard Orr, per avermi chiamato personalmente e chiedendo la mia collaborazione per l'insegnamento del «respiro consapevole» nelle scuole e università italiane; Andreana Brambilla per i consigli pratici e il

sostegno delicato, ma fermo. Infine ringrazio Enzo Di Frenna, «specchio pratico» e ottimo organizzatore, per avermi spinto a concretizzare - in pochi mesi - il mio sogno nel cassetto: un libro sul Rebirthing.

Paolo Cericola
FONDATORE E PRESIDENTE SCUOLA DI RESPIRO
L'Esperto Italiano di Respiro Consapevole, fuori e dentro l'acqua.

- 1 -

Ritorno al grembo materno.
cosa succede respirando in acqua calda

La prima cosa che viene in mente a coloro che entrano in acqua calda con l'intenzione di respirare, è il grembo materno. È comprensibile. L'acqua viene associata al liquido amniotico, in cui il bambino è immerso al momento della nascita. In quello spazio di protezione avvengono molte cose. Innanzitutto, il bambino ha memoria di tutto ciò che succede all'interno e all'esterno del corpo materno. In altre parole, sente e ricorda. Non è una novità, del resto, perchè da diversi anni la scienza medica e la psicologia ha appurato che il bambino, nel periodo che va da zero a sette anni, apprende in maniera intensa e forma la sua struttura psicologica ed emotiva. Ma resta ancora da approfondire cosa succede «prima» della nascita, in quei nove mesi in cui il bambino rimane nel grembo materno. Secondo il metodo Rebirthing, a cui mi ispiro da oltre 30 anni, il bambino «prima» della nascita è consapevole di molte cose. Sa che sta per nascere e sarà un'esperienza intensa. Ha paura di entrare nel mondo e il primo respiro è fondamentale. L'ambiente che lo circonda è fondamentale. Se per esempio c'è tensione in famiglia, il bambino lo memorizzerà. Se la sua nascita è indesiderata, saprà inconsciamente di non essere desiderato e ciò condizionerà la sua esistenza. Se il padre è morto in un incidente, registrerà il trauma. In altre parole, il bambino che «nuota» nel grembo materno ha una coscienza vigile e dunque una capacità di registrare ogni tipo di informazione.

Entrare in acqua calda e respirare vuol dire tornare indietro nel tempo. Si ritorna al momento del concepimento e in alcun casi a vite precedenti, come vedremo più avanti. Ciò è possibile perchè possediamo numerose «memorie» che conservano la carica emozionale di eventi e situazioni. Spesso, dunque, dietro una fobia o una paura c'è semplicemente un «ricordo» antico, che può risalire al momento del concepimento, oppure ai primi anni di vita.

Finora le moderne psicoterapie hanno sottovalutato il potere del respiro nel processo di guarigione. Eppure, respirare in modo consapevole e «circolare» significa attivare e sciogliere la carica emozionale legata alla memoria di un evento spiacevole.

La differenza tra «ricordo» e «memoria» sta nel fatto che il ricordo contiene solo alcuni aspetti di una esperienza passata (immagini o suoni) e dunque è incompleto. La «memoria» invece contiene tutti i dati sensoriali: visione, suoni, gusto, percezione tattile, emozione. È come rivivere l'intera esperienza.

Nel Rebirthing «torna a galla» l'evento completo, trattenuto con forza incredibile nella profondità dell'essere. Per comprendere questo concetto possiamo immaginare quanta forza occorre per mantenere sott'acqua un enorme tappo di sughero o un pallone pieno d'aria. Si fa molta fatica. Quando la forza che lo trattiene «molla la presa» l'oggetto torna a galla con impeto e conquista una nuova libertà.

Respirare in maniera consapevole significa guarire se stessi «saltando» la mente razionale, che per quanto possa capire l'origine di un problema, non è in grado di risolverlo. Ho lavorato con persone che per vent'anni erano preda di paure irrazionali e nel giro di una seduta di respiro in acqua calda hanno «liberato» la carica emozionale e risolto il problema. Come è possibile? Come si spiega? Cosa permette questi risultati?

L'ambiente del grembo materno. Nella pancia della mamma il bambino ascolta. Percepisce e sente. I suoi pensieri sono costituiti da sensazioni ed emozioni e ricorda direttamente nella memoria cellulare del corpo. Ciò accade molto prima della gestazione: è un processo che inizia al momento del concepimento. Nel grembo materno il bambino è immerso in un piccolo oceano. Il liquido amniotico è l'acqua che prepara alla vita. Ecco perchè il respiro in acqua calda (Rebirthing) significa tornare indietro, entrare nel grembo materno e ripercorrere la propria storia personale.
L'ambiente materno offre protezione. È proprio questo che accade nell'acqua di una piscina termale, con una temperatura di 36 gradi. Ci si sente al sicuro, protetti. Il terapeuta aiuta la persona ad ascoltarsi, mentre si lascia andare alle sensazioni e al movimento, dolce e lento, in acqua calda. Così, lentamente, si ricrea l'ambiente del grembo materno e si entra «dentro». Si va in profondità.

Andare sott'acqua e riemergere. Il respiro in acqua calda ha alcune fasi preparatorie. Il primo elemento indispensabile è una piscina con acqua riscaldata a 36 gradi, oppure, come spesso accade durante il mio lavoro, si utilizza l'acqua termale già calda. Di solito, i primi dieci minuti della seduta sono dedicati a conoscere le regole dell'acqua e al rilassamento. Il terapeuta accoglie tra le sue braccia il «neonato» e lo culla sul pelo dell'acqua. Poi si passa alla fase della respirazione. Il paziente porta al naso un otturatore di gomma, che abitualmente usano i nuotatori in piscina, mentre in una sessione di rebirthing si utilizza anche il boccaglio. Ciò serve per respirare unicamente dalla bocca e in modo circolare. Dopodichè si va sotto. Il terapeuta accompagna il corpo della persona sott'acqua. A quel punto, il «neonato» comincia a respirare senza interruzione. Questo rappresenta l'elemento essenziale del Rebirthing, ma con l'aggiunta dell'acqua che facilita il recupero delle memorie passate e ri-crea l'ambiente del grembo materno. Il Rebirther guida la persona all'ascolto del proprio respiro, mantenendo la consapevolezza di «ciò che proviene dal corpo», cioè sensazioni ed emozioni. Quando la paura o il controllo au-

mentano (la famosa forza che tiene il pallone sott'acqua!!) il Rebirther aiuta la persona a mantenere il respiro circolare, lo sostiene, lo incita, a volte con forza oppure con delicatezza, per entrare nella «memoria» e andare oltre le sensazioni. In questo modo inizia il viaggio nella coscienza e si ri-vive l'esperienza passata, integrandola poco per volta nella consapevolezza matura.
Il Rebirthing in acqua calda facilità il ricordo delle esperienza passate, spesso anche legate a vite precedenti. La memoria-coscienza rappresenta uno degli aspetti più affascinanti del Rebirthing, poichè «scaricando» l'emotività di un evento appartenente ad una vita passata è possibile (mi è successo tante volte!!) risolvere paure irrazionali e malattie in poche sedute. Mi rendo conto che ciò ha dell'incredibile, ma amo ripetere che i risultati sono la cosa più importante.
Se una persona risolve un problema di «questa» vita ricordando una vita passata, è la cosa migliore che possa succedere, anche se non crediamo nell'eventualità di vite passate.

Memoria (ombra) e il lago all'equatore. Esiste un popolo di pescatori che vive all'equatore che ha sviluppato una particolare tecnica di pesca. Legano con un filo decine di asticelle di legno, ognuna a distanza ravvicinata. Con questo «strumento» vanno al largo con due barche e lo stendono sul lago. Se facciamo una piccola riflessione, il legno nell'acqua galleggia e sotto non c'è nulla. Come è possibile pescare in questo modo? Ma ecco il segreto: quando il sole è alto nel cielo i pezzi di legno proiettano sul fondo del lago un muro di ombre, i pescatori si avvicinano con le loro barche a riva e... pescano con le mani! Perchè i pesci non attraversano il muro d'ombra e scappano oltre? Semplice: nella memoria dei pesci l'ombra significa «pericolo» (pesce più grosso che vuole mangiarmi!!) e si allontanano continuamente dall'ombra, fino a raggiungere la riva, finendo nelle mani dei pescatori.
In modo simile noi ci allontaniamo dalle memoria-ombra del nostro passato. Quando respiriamo, oppure entriamo in acqua per una sessione di re-

birthing, le ombre-memoria si attivano e ci sembra di essere in pericolo. La cosa più naturale è scappare! Ma se continuiamo a respirare, portando a galla il pesce, scopriamo che l'ombra non può danneggiare, che è semplicemente un'ombra!

Come funziona la mente reattiva. La mente reattiva entra in funzione quando una memoria-ombra è sollecitata. È un meccanismo prezioso, che ci permette di difenderci con rapidità da innumerevoli pericoli, mentre la mente razionale arriverebbe in... ritardo! Facciamo un esempio: se durante una conversazione, magari inavvertitamente, avvicinate la mano a un oggetto rovente, la mente reattiva fa scattare la mano a grande velocità, senza pensarci sopra. La mente razionale, invece, potrebbe fare alcuni considerazioni e... nel frattempo la mano si ustiona! Dunque le memorie inconsce (con i dati completi!) ci fanno scattare con rapidità di fronte a certe esperienze, anche se razionalmente non sappiamo perchè. A volte basta la vista di un oggetto, una frase, o qualche dettaglio, per re-stimolare la memoria-ombra. Il Rebirthing invece porta a galla la memoria e la integra all'interno dell'archivio cosciente, eliminando la carica emotiva accumulata e permette la comprensione della «causa» che origina un comportamento indesiderato o una malattia.

Esprimere emozioni represse. Durante il processo della respirazione la persona entra in contatto con le proprie emozioni. L'acqua facilita il rilascio dei pensieri razionali, che abitualmente formano una corazza di controllo, e le emozioni «vengono a galla». Durante questa fase possono riemergere rabbia, paure, sentimenti di rancore, dolori, oppure la sensazione di sentirsi «bloccati», incapaci di esprimere il proprio pianto di liberazione (o ancora sensazioni di gioia, uniti con l'universo, in armonia con la vita).
Le immersioni continue, insieme ai respiri profondi provocati dalla riemersione guidata, accentuano la percezione del blocco e dell'emozione trattenuta. L'emozione repressa comincia a trovare un canale di sfogo e le memorie corporee iniziano a rilasciare la carica negativa accumulata. Que-

sto processo dura in media trenta minuti. Ma nei casi più complessi anche un'ora o due.
Per comprendere l'importanza di questo momento è necessario approfondire il concetto di emozione. La psicologia moderna riconosce il valore dell'espressione emozionale nel processo di guarigione. La Bioenergetica di Alexander Lowen, la Gestalt, la terapia reichiana e altri metodi di psicoterapia contemporanea, mettono in risalto la necessità di rivivere e integrare le emozioni represse nell'inconscio, che sono all'origine di patologie e disturbi. Ma cosa è un'emozione? Di cosa si tratta in realtà?
Il termine «e-mozione» indica qualcosa che si muove. Ma «cosa» si muove in realtà? Nel Rebirthing diciamo che si muove energia. La pancia non è soltanto il luogo dove il bambino cresce durante la gravidanza, ma è anche la sede di un'importante centro di energia: il chakra solare.
Nel campo delle terapie mediche olistiche è ricorrente il concetto di «aura» e «chakra». Ogni corpo possiede un'aura, cioè un campo di energia, e sette principali centri di espressione della medesima realtà. All'altezza dell'ombelico, cioè il cordone-collegamento che alimenta il bambino durante la gravidanza, vi è il chakra solare, che governa le emozioni, le sensazioni, e alcune funzioni psicologiche (come la fiducia nel proprio potere, la capacità di relazionarsi con il mondo esterno, l'empatia, ecc) e, infine, «nutre» alcuni organi fisici, in primo luogo stomaco e intestino.
Le emozioni sono dunque «campi di energia» che si muovono verso una direzione. Spesso, però, queste energie rimangono bloccate. Ciò genera un'alterazione, che abitualmente si manifesta come malattia e disturbo psicofisico. È importante, allora, «sbloccare» queste energie represse e farle fluire di nuovo. Per questo motivo la Bioenergetica di Lowen suggerisce di picchiare un cuscino e gridare con forza: si tratta di esprimere le emozioni represse. In altri termini: liberare l'energia bloccata.
Nel Rebirthing in acqua calda avviene un processo simile. Ma con un vantaggio: l'acqua favorisce l'ascolto delle proprie emozioni. È un elemento che possiede il dono di far regredire la persona indietro nel tempo. È sorprendente come l'acqua favorisca l'attivazione di memorie emotive e il

rilascio dell'energia bloccata. L'ho constatato personalmente, in centinaia di casi di «respirazione in acqua calda», che hanno provocato un processo di guarigione spontanea.

Provare la gioia della liberazione. Il respiro in acqua calda segue tre fasi: preparazione iniziale, immersioni ed emersioni, espressione delle emozioni e liberazione. Vorrei ora soffermarmi sulla liberazione e sul significato di questo termine.

Capita spesso che, alla fine di una seduta di respiro in acqua calda, la persona si sente liberata. Prova una gioia intensa, una voglia di aprirsi alla vita, una sensazione di felicità. Come è possibile? Il Rebirthing è una rinascita alla vita in modo consapevole. Dunque, appena le vecchie memorie emozionali sono riportate nella corrente della vita, la cosa più naturale che può accadere è provare gioia, felicità, amore. La liberazione è proprio questo: aprirsi alla vita.

Il respiro in acqua calda favorisce la guarigione e l'abbandono al flusso di vitalità «gioiosa» e «innocente», proprio come accade nel bambino che gioca ed è felice. La gioia infatti è una condizione naturale del bambino. Essendo libero da schemi mentali, la vita scorre in lui in maniera naturale. Molte persone che hanno lavorato con me in acqua calda si sentono di nuovo bambini e riescono ad esprimere la gioia in modo naturale. Oppure ridono increduli in seguito all'esperienza.

Giudizio e accettazione. Gli schemi e i pregiudizi spesso sono all'origine di paure e comportamenti reattivi. Abbiamo credenze rigide e limitate, che ci fanno vedere il mondo con «lenti» opache. Siamo convinti che le cose stiano proprio in quel modo e resistiamo al cambiamento.

In questo modo non facciamo altro che resistere a noi stessi e alla coscienza spirituale che ci spinge verso un cambiamento positivo della nostra vita.

Uno degli schemi che viene a galla durante il respiro in acqua calda è il giudizio. Giudicare vuol dire avere concetti rigidi e opinioni inattaccabili su ciò che è giusto e sbagliato, buono o cattivo, positivo e negativo. È separare noi stessi dall'altro. Oppure, in altre parole, vuol dire credere che una certa esperienza sia ingiusta mentre in realtà sta permettendo un cambiamento importante, che però la lente del giudizio stenta a riconoscere. L'accettazione della realtà cosi come accade è la soluzione al problema. Ma accettare non è facile. Siamo «programmati» per valutare e giudicare secondo schemi rigidi, che rappresentano punti di riferimento per il nostro modo di leggere le esperienze e la vita.

Il respiro facilita uno stato di abbandono e l'espressione delle emozioni represse accumulate in seguito ad un evento non accettato. A volte noi giudichiamo ferocemente noi stessi e accettarci - così come siamo - significa superare lo schema del giudizio interno.

Ogni pila contiene un lato positivo e negativo: unendo i poli è possibile far funzionare un oggetto elettromeccanico. Non possiamo escludere un polo e neppure possiamo dire che il «negativo» sia sbagliato, ingiusto, e che rispetto al «positivo» sia peggiore. Entrambi i poli sono utili e permettono il funzionamento dell'apparecchio. Se togliamo il giudizio quello che rimane è «pila».

Nel Rebirthing chiamiamo il buono e cattivo semplicemente «esperienza». Quando il giudizio si trasforma in accettazione, permettiamo a noi stessi di liberare una grande quantità di energia che possiamo utilizzare in tanti altri modi. Anche per guarire.

Accettare, godere, ricevere. Quando siamo capaci di accettare il cambiamento la guarigione è istantanea. L'accettazione ci permette di godere appieno della vita e siamo disponibili a ricevere. In realtà, facciamo uno sforzo incredibile per non ricevere. Non ce ne accorgiamo, ma lo facciamo. Una persona che non sa ricevere, non sa dare. Le due qualità sono legate in un cerchio indissolubile. Quando il cerchio si spezza si rompe l'armonia e l'equilibrio della vita. Ricevere vuol dire godere anche le piccole cose. Significa non limitarsi alla visione (limitata) della vita così come ci è stata data, ma ampliarla, estenderla, aprendoci a nuove prospettive.

- 2 -

Rebirthing: il potere del respiro
la conquista della gioia di vivere

Il respiro in acqua calda trae origine dal Rebirthing. Questo metodo di respirazione consapevole è stato creato dall'americano Leonard Orr negli anni '60. «Ho imparato a respirare solo dieci anni dopo le conclusioni dei miei studi universitari. Che riprovevole vergogna per il nostro sistema educativo portare un individuo al termine del proprio corso universitario senza fargli capire che i pensieri sono un'opera creativa!» afferma Orr.
Si impara a respirare. Non è un processo scontato. La maggior parte delle persone respira, ma in modo superficiale. Molte altre trattengono il respiro in molte circostanze, soprattutto quando provano paura. Fateci caso: che succede quando avete paura? Bloccate il respiro. E ogni volta che avete paura di esprimere sentimenti ed emozioni il respiro viene mortificato. Ma perchè il respiro è così importante? Cosa è il respiro?
Respirare vuol dire nutrirsi di energia. Nella cultura orientale il respiro contiene «prana», cioè energia vitale. È il modo più semplice con il quale ci nutriamo per continuare a vivere. Possiamo rimanere senza cibo per intere settimane, oppure alcuni giorni senza bere, ma se non respiriamo per tre-quattro minuti la morte è certa. Il respiro è vita. Respirare in modo

completo e profondo vuol aprirsi completamente alla vita. Ma quale vita? Vivere con gioia è lo scopo che si prefigge il Rebirthing. «Il respiro è la forza dello spirito» afferma Orr. È la sorgente di tutta la nostra forza in questo universo fisico. Respirare è un atto così semplice e ovvio che nessuno immagina quanto sia importante per vivere bene. Ogni respiro pieno purifica l'aura energetica, rilassa i tessuti del corpo, favorisce l'espulsione di tossine. È un processo di recupero del proprio potere.

Come funziona il respiro. Il ritmo normale del respiro in un adulto varia tra 15 e 20 atti respiratori al minuto; È più frequente nel bambino, variando tra 45 (neonato) e 25 (prima infanzia) atti respiratori. È una delle funzioni fondamentali di tutti gli organismi viventi che, mediante l'assunzione di ossigeno dall'ambiente esterno, consente la liberazione delle tossine e l'acquisizione di nutrimento per le cellule del corpo. Il respiro riguarda anche il meccanismo con il quale avvengono gli scambi gassosi tra cellule e tessuti con i liquidi circolanti nell'organismo (respirazione interna) o tra ambiente esterno e organismo (respirazione esterna).
La respirazione è dunque un atto spontaneo ed automatico che consente di rimanere in vita. Per fortuna siamo dotati di questo straordinario meccanismo, altrimenti con tutte le cose che abbiamo da fare ci potremmo... dimenticare! Ma la respirazione è anche un atto volontario. Infatti, spesso facciamo gran respiri - magari quando siamo in un campo di fiori, sulla riva del mare, sulla cima di un monte - per assaporare l'aria o ricaricarci di energia. Putroppo, nel novanta per cento dei casi, non consideriamo la possibilità di respirare volontariamente per essere maggiormente in contatto con la vita. Lo facciamo solo se messi alle strette, se veniamo colpiti da una malattia, e quando... ci manca il respiro!
In realtà il respiro è la cosa più preziosa che esista nell'universo: è la base della vita. La prima cosa che facciamo venendo al mondo è un respiro ed è l'ultima azione che compiano prima di morire. Si nasce con un respiro. Si muore con un respiro. È il ponte di collegamento con la vita.
Il 70% del sistema di disintossicazione del nostro organismo dipende dal

respiro, mentre il 30% è suddiviso tra feci, urina e sudore. La maggior parte delle persone - e dei medici! - si concentra su quel 30% per dissintossicare l'organismo! Il respiro disintossica, ma è anche un medicinale gratuito. Basta aumentare un pò la dose e oplà il gioco è fatto. È troppo semplice? Si lo è! Quando abbiamo bisogno di più energia, basta aumentare un pò la dose e oplà il gioco è fatto. È troppo semplice? Sì lo è. Il respiro è anche un modo per entrare in contatto con il nostro mondo interiore, basta aumentare un pò la dose e oplà il gioco è fatto. È' troppo semplice? Sì lo è. Il respiro è anche un modo per accedere in altre dimensioni temporali, basta aumentare un pò la dose e oplà il gioco è fatto. È troppo semplice? Si lo è!

La paura di nascere e il primo respiro. Vorrei portare alla vostra conoscenza una serie di considerazioni di cui nessuno o pochi ci hanno parlato. Prima della nostra nascita, prima cioè che noi impariamo a respirare da soli, ci troviamo all'interno dell'utero in uno spazio «abbastanza protetto» e collegati a un cordone ombelicale, che ha il compito di nutrirci e ossigenarci. Ciò permette la crescita del nostro corpo. Perchè ho detto «abbastanza protetto»? Semplice: perchè la maggior parte di noi lo è, ma ci sono bambini che cominciano ad avere problemi con la vita già da questo momento. Per esempio: non essere desiderati o accettati dalla madre, dal padre, tentativi di interruzione di gravidanza, violenze e percosse sulla madre, interventi chirurgici, tensioni, fobie, angoscie, ecc.
Comunque, anche considerando che tutto vada bene, arriva il momento fatidico e dobbiamo lanciarci con il nostro paracadute fuori dall'aeroplano, per volare liberi nell'azzurro del cielo. Siamo pronti, determinati, sappiamo quello che vogliamo: inizia il conteggio alla rovescia (le contrazioni uterine, che ci dicono: tieniti pronto, fra poco tocca a te), cominciamo a diventare impazienti, ci siamo preparati bene in questi nove mesi, facciamo gli ultimi controlli. Paracadute? Ok! (mi sento un pò emozionato, ma so che andrà bene). Frequenza battito cardiaco? 120 in aumento! Ok! Ci siamo quasi... 10, 9, 8, 7, 6, 5, 4, 3, 2, 1, via, è ora di lanciarsi!!! PORK!!

Ma che diamine! Cosa sta succedendo? La porta non si apre del tutto! Non riesco ad uscire! VOGLIO USCIRE!! fatemi uscire! aiuto, mi sto arrabiando, non è così che doveva funzionare, nessuno mi aveva detto che ci sarebbero stati questi ostacoli! FATEMI USCIRE!!! AIUTO!!!!
E dopo un grandissimo sforzo finalmente questa maledettissima porta si apre. e sono improvvisamente nel vuoto, BRRR, che freddo porca l'oca, cos'altro c'è? Qualcuno o qualcosa mi tocca, ma è freddo, ehi, piano, apro la bocca ed entra qualcosa di freddo anche quì e mi va giù! DIO ma è terribile. Questa sensazione è sconvolgente! Chiudo la bocca, non voglio! Meno male che ho il paracadute, anzi fammi controllare. AAAAAHHHHH!!! Che c... è successo, Si è rotto il paracadute (il cordone ombelicale), qualcuno me lo ha sabotato (il taglio). Cosa succede ora? Ho una paura fottuta! Anzi, più passa il tempo (secondi) e più è TERRIBILE!!! Aiuto!! Cosa mi succederà senza paracadute? NON VOGLIO MORIRE!!! Ho paura, sono senza respiro. Cos'altro succede ancora? Mi sento appeso per i piedi e la spina dorsale mi manda una scarica elettrica fortissima! La mia paura aumenta sempre di più. MI SENTO MORIRE!! AIUTO!!! NON RESPIRO!! AHIO!! Cosa è questo dolore nel mio fondoschiena? Cosa fanno questi imbecilli?!? Mi sto arrabbiando! Anzi, sono sempre più arrabbiato!! AHHHH!!! Perchè? Cosa ho fatto di male? Piango, piango, piango... Zzzzzz
Vi abbiamo trasmesso in diretta cosa succede in un/a parto/nascita considerato «normale». Per quelle considerati «particolari» o «difficoltosi» lasciamo ampio spazio alla vostra fantasia di provare ad immaginare cosa può succedere o cosa può vivere un'essere in quelle condizioni. Questo tipo di esperienze condizionano la vita in modo indelebile e ci fanno usare atteggiamenti e comportamenti che in realtà noi non vorremmo, e che invece, a tutt'oggi, cosiddetti «adulti e vaccinati» continuiamo a mettere in atto come bambini spaventati e feriti.
Come vedete, dal punto di vista del bambino (le memorie della sua coscienza) non è così facile nascere. Può essere un'esperienza travolgente e carica di paura. Per questo, da adulto, può essere necessario ri-nascere (re-

birthing) cioè rivivere i momenti della venuta al mondo e quelli successivi, per liberare le memorie bloccate.

Venti respiri circolari. L'esercizio di base del Rebirthing è chiamato «venti respiri circolari». A me piace chiamarlo il pocket coffee dell'energia. Dura circa trenta secondi ed è possibile praticarla sempre e ovunque. Questi trenta secondi di respirazione consapevole apporteranno allo spirito e al corpo una nuova energia vitale. L'esercizio consiste nel ripetere per quattro volte, cinque atti respiratori.

- quattro atti respiratori normali (anzi un pochino più ampi)
- dopodichè, un respiro ampio (pieno pieno)
- inspirare ed espirare attraverso il naso
- quattro respiri normali e uno pieno, ripetendoli successivamente per quattro volte, senza mai fermarsi. Un atto respiratorio unico e ampio, e fare in modo di respirare dal cuore.

L'inspirazione e l'espirazione devono succedersi in un cerchio ininterrotto. Non ci deve essere scollegamento tra i due atti, ma fusione. La consapevolezza è fondamentale. Abitualmente, invece, respiriamo in modo meccanico e superficiale. Mantenendo l'attenzione sul respiro è possibile creare un circolo energetico costante e ampio, che diventerà presto un viaggio nel potere del respiro.

Essere attenti a ciò che accade nel corpo. Alcune persone provano un senso di vertigine, altre un pizzicore alle mani, allo stomaco o in altre parti del corpo. Il respiro ampio e continuo favorirà l'ascolto delle sensazioni interne nel corpo e l'attivazione di «memorie corporee». Tutto ciò che provate mentre respirate, scomparirà, se continuate sufficientemente a lungo. È necessario «passare» attraverso la sensazione provocata dalla respirazione circolare, entrarci dentro, ascoltare il messaggio che il corpo e lo spirito vi manda. Se avete sufficiente fiducia, se continuate, il respiro vi regalerà la chiave per entrare nella gioia di vivere.

Perchè respirare in modo consapevole. Le persone respirano male. Non se ne rendono neppure conto. La vita che oggi conduciamo è veloce, stressante, piena di impegni e siamo distratti da troppe informazioni che catturano la nostra attenzione. La vita frenetica riduce la capacità di respiro. Potete notarlo su voi stessi. Osservatevi durante una giornata frenetica: respirate corto. «Mi manca il respiro. Non ce la faccio più! Troppe cose da fare!» si sente dire spesso. È vero. Questa affermazione riflette una realtà del corpo: senza la consapevolezza di una vita guidata da ritmi naturali, il respiro diventa corto. La vita diventa povera. La consapevolezza è assolutamente necessaria per «frenare» la corsa frenetica e concedersi il tempo di respirare a pieni polmoni.

Il respiro consapevole è l'essenza del Rebirthing. Significa recuperare l'attenzione su se stessi, sul proprio corpo, le proprie sensazioni. È un atto d'amore. Il più semplice, tra l'altro. Quando si diventa padroni dei «venti atti respiratori» sarà possibile eseguirli anche durante la giornata, in qualunque momento. Potete respirare in modo «ampio e circolare» in auto, in metropolitana, mentre siete in treno. Potete considerarla una «respirazione energetica», che assorbe «prana», cioè energia» in modo consapevole.

Questo tipo di respirazione è particolarmente importante per la guarigione di malattie. Nella mia esperienza di Rebirther ho potuto constatare in molte occasioni l'attivazione di un processo di guarigione dopo alcune sedute di Rebirthing. Il sistema circolatorio del sangue viene purificato dal respiro e ciò apporta un beneficio all'intero organismo.

Integrare le emozioni represse. Nel Rebirthing è molto importante il concetto di «integrazione». Possiamo usare anche il termine «unire» oppure «guarire». Infatti ogni forma di guarigione integra nella coscienza un lato oscuro, un'emozione repressa, un dolore antico. Integrare vuol dire portare alla coscienza un evento passato e liberarne la carica emotiva. È un processo che si basa sull'idea che gli opposti «separati» creano una disarmonia. Non si può inspirare ed evitare l'espirazione. È impossibile. Si può addirittura morire. I due atti vanno integrati in un processo costante e continuo.

Purtroppo, come spesso accade, il respiro è poco profondo, oppure bloccato, e ciò non facilità la presa di coscienza dei nostri «lati ombra». Integrare è in realtà un processo molto vasto, che coinvolge tutta la nostra vita. Maschile e femminile, testa e cuore, corpo e mente, madre e padre, e così via. Integrare vuol dire unire. Per questo, nel Rebirthing, il respiro è circolare, senza pause o discontinuità. Serve per favorire l'integrazione.
Abitualmente, nell'ambito della psicoterapia, l'integrazione passa attraverso una catarsi. È necessario liberare le tensioni emotive accumulate in passato e un gesto spontaneo, come un pianto o delle grida, possono liberare la «memoria emotiva» e permettere l'integrazione. Nel Rebirthing funziona diversamente: è il respiro stesso che integra l'evento passato. Non bisogna fare nulla. Solo respirare. Ad un certo punto della seduta succede qualcosa: il respiro si fa intenso, il corpo si contrae, sorge un pianto, oppure una risata. Se continuate a respirare il processo andrà avanti da solo. Ripeto: non bisogna fare nulla: solo continuare a respirare. In altre parole, «entrare» nel respiro e nella memoria emotiva è essenziale per permettere il processo di integrazione.

Le fasi essenziali di una seduta. Consideriamo gli elementi essenziali per una seduta di Rebirthnig. Respiro circolare, osservare nel presente, rilassamento del corpo e della mente, esprimere la verità del proprio essere interiore.
• RESPIRO CIRCOLARE. Nel Rebirthing il respiro è circolare e ampio. L'energia ha bisogno di fluire senza interruzione nei tessuti del corpo, affinchè si possano riattivare le memorie e sollevarle fino alla coscienza. Nel momento in cui emergono è necessario non esprimere un giudizio. È sufficiente osservarle: come una telecamera che registra, ma non giudica. Rimanere nel presente, nel quì e ora, e continuare a respirare. Il respiro circolare è l'elemento che può facilitare in seguito l'integrazione.
Nel Rebirthing si respira sempre e solo dal naso, o solo dalla bocca. La respirazione attraverso il naso convoglia un'energia sottile di alta qualità e sollecita maggiormente i centri cerebrali ed energetici. Le sensazioni che

si provano, infatti, sono abbastanza diverse. La respirazione attraverso la bocca è più intensa e crea un maggiore contatto con il corpo.

• OSSERVARE NEL PRESENTE. Capita spesso che il pensiero si sposta altrove, nel passato o nel futuro, bloccando o rallentando la respirazione. È un meccanismo naturale di difesa. Il corpo, sollecitato dal respiro, riceve un forte impulso vitale e dunque le «memorie» si difendono. La difesa più elementare è spostare l'attenzione altrove. In questo modo, anche l'energia assume un'altra direzione. Il Rebirther aiuta il cliente a rimanere nella sensazione, senza mai smettere di respirare. Anche durante una normale autoseduta di respirazione circolare è importante rimanere nel qui e ora, nell'attimo presente, senza giudicare.

Durante una seduta di Rebirthing, ma anche durante la coccoloterapia® in acqua calda, è molto facile che il pensiero distolga l'attenzione, evitando di «entrare» nella memoria corporea. Può sembrare, per alcuni, un ostacolo insormontabile. Ma basta continuare a respirare e ogni timore svanisce. Nel «presente» è possibile rivivere ogni esperienza passata, ma con una nuova consapevolezza. È questo il segreto del Rebirthing: portare alla coscienza ciò che è celato nell'inconscio.

Un altro modo per sfuggire alla sensazione repressa, o allo schema negativo che necessita del processo di integrazione, è «esagerare» il proprio atteggiamento durante la seduta di Rebirthing. Alcune persone cominciano a ridere istericamente o inscenano un pianto finto. Può accadere. In questo modo, in realtà, si evita di entrare in contatto con se stessi. È un trucco della mente, la quale tenta di spostare con «furbizia» l'attenzione. Bisogna dunque ricondurre sempre l'energia sul respiro, quando si verifica un caso del genere.

• RILASSAMENTO DEL CORPO. Il respiro circolare conduce al completo rilassamento del corpo. All'inizio la tensione aumenta: la sollecitazione del respiro favorisce l'attivazione di memorie passate. Dunque il corpo reagisce. Ma proseguendo nella respirazione, per un tempo sufficientemente a lungo, la tensione viene «integrata» e il corpo inzia a rilassarsi. Una buona seduta di Rebirthing si conclude con un rilassamento profondo, che apre le porte

della gioia e della voglia di vivere.
Il rilassamento favorisce la guarigione. Attraverso il respiro circolare il corpo libera la tensione accumulata in tanti anni (molti non ne sono neppure consapevoli) e agisce positivamente sull'apparato circolatorio e neurofisiologico. Spesso si verificano casi di guarigione di alcune patologie, in maniera spontanea, riacquistando la capacità di rilassare il proprio corpo.

• ESPRIMERE LA VERITÀ INTERIORE. Durante la nostra vita facciamo esperienza di molte cose. Spesso le giudichiamo e le classifichiamo: buone e sbagliate, migliori e peggiori, utili e vantaggiose, ecc. Ma la vita non riconosce il parametro del giudizio umano. Ciò che può sembrare un'esperienza «ingiusta» si rivela nel tempo un insegnamento utile. La verità interiore di ogni essere travalica lo schema del giudizio mentale. Lo spirito segue un percorso evolutivo e, spesso, ha bisogno di manifestare esperienze dolorose per poi imparare ad aprirsi alla gioia. Il Rebirthing riconosce che tutte le esperienze portano in sè una «verità» che ha uno «scopo» nel processo di crescita dell'individuo.
Durante le sedute di Rebirthing possiamo imbatterci in esperienze passate che giudichiamo «sbagliate» e ciò facilità la repressione e il controllo. La mente ci costringe a rimanere attaccati a certi schemi negativi e il dolore che ne consegue ci impedisce di vivere con gioia. Ciò che succede durante il respiro consapevole è la «trasformazione» di questi schemi, che cedono il passo ad una visione più ampia e libera da condizionamenti appresi nel passato. Ci arrendiamo alla «verità» del nostro essere interiore, poichè lui sa e riconosce l'utilità e lo scopo delle nostre esperienze.

Memorie del passato. La nostra memoria è molto più vasta di quanto possiamo immaginare. In realtà possiamo parlare di coscienza, poichè ogni parte di noi è energia che scaturisce da una fonte di consapevolezza: lo spirito. Dunque non utilizziamo soltanto una memoria meccanica, che conserva le esperienze e le credenze. Siamo dotati di molte memorie e ognuna conserva informazioni.

• MEMORIA CORPOREA. Le moderne tecniche di psicoterapia di gruppo, come la Gestalt e la Bionenergetica, si basano sull'idea che il corpo memorizza dolori e convinzioni, strutturandole in atteggiamenti e postura. Liberando le energie represse la guarigione, che quasi sempre è emozionale, viene facilitata. Il corpo è un essere vivo e intelligente. I Rebirther sanno bene che il corpo parla. Invia messaggi e segnali. Ciò è noto anche alla medicina psicosomatica, che analizza i messaggi del corpo nel processo di terapia.

Durante una seduta di Rebirthing la memoria del corpo viene sollecitata dal respiro. Ciò accade più facilmente in acqua calda, poichè si ricrea l'ambiente del grembo materno. La persona comincia a ricordare ed ecco che «vengono a galla» esperienze passate trattenute nella memoria corporea. Il respiro purifica la memoria e libera l'energia repressa.

• RIVIVERE MEMORIE DI VITE PASSATE. Spesso mi è capitato di aiutare le persone a ricordare eventi che risalgono a vite passate. Il nostro nucleo spirituale continua a ricordare esperienze dolorose e ripete lo «schema» in questa vita. Spesso, all'origine di alcuni disturbi fisici, ci sono memorie di vite passate. Anche in questo caso il Rebirthing può fare molto. Con il respiro si può accedere ad un passato più lontano e la coscienza proietta le immagini e i dialoghi che appartengono a vite anteriori. La guarigione consiste nel comprendere quell'esperienza (che può non esser stata completata) e integrare quel ricordo nella coscienza attuale. Si possono verificare casi di guarigione quasi istantanea.

Agli inizi della mia esperienza con «vite passate» ho lavorato con una ragazza romana afflitta da terribili mal di testa da oltre vent'anni, e inoltre aveva il terrore degli uccelli e perfino delle piume. Non sapeva spiegarsi perchè. Aveva provato di tutto: medicina, yoga, psicofarmaci e perfino la psicoterapia. Niente da fare. Durante la prima seduta di Rebirthing cominciò ad agitarsi e diceva di essere un uomo. Non sapevo che fare e cercai di riportarla al presente. Ma ripeteva di essere un uomo. Così lasciai che seguisse il suo impulso e feci alcune domande: mi rispose che si trovava tra una folla in tumulto, nella Francia rivoluzionaria, e alcuni soldati a cavallo caricarono i manifestanti e «lui» venne colpito in testa da uno zoccolo di un cavallo. Morì con atroci dolori al capo: ecco l'origine del suo «attuale» mal di testa. Alla fine della seduta di rebirthing la ragazza affermò che - per la prima volta nella sua vita - il mal di testa era sparito. Fu incredula. La memoria passata era stata integrata nel presente. Durante la seconda seduta la ragazza affermò di essere un uomo e di essere in un bosco: discuteva animatamente con suo fratello, il quale lo colpì con un sasso - pensate dove? - alla testa! Alla fine della seconda sessione la ragazza era completamente guarita dal mal di testa, scoprendo la vera causa. In una delle sedute successive la ragazza ricordò di essere ancora un soldato e durante la battaglia ci fu un'esplosione, che fece volare in aria un masso, il quale cadde sulla sua gamba. Bloccato e ferito, fu preda dei corvi e delle cornacchie che beccavano i cadaveri del massacro. Cercò di scacciarli dalla sua gamba ferita, ma il sangue sulle mani era un collante che tratteneva le piume degli uccelli. Era questa la fonte della sua paura. Infatti, quando tornò a casa, accarezzò per la prima volta in vita sua il pappagallo di sua sorella.

Le affermazioni. Rappresentano un'altro aspetto fondamentale del Rebirthing. Sono pensieri consapevoli e di buona qualità, che ci aiutano a integrare i nostri lati ombra È energia indirizzata verso la vita che desideriamo.

Possiamo formulare affermazioni su ogni ogni cosa. Ciò che conta è crederci. Ma cosa vuol dire? Per cominciare bisogna divenire coscienti che il pensiero è energia e crea una realtà. Se consideriamo la nostra vita da questa angolazione, ci rendiamo conto che siamo responsabili di ciò che creiamo con il pensiero. Ciò che affermiamo dentro noi stessi è vero per noi. È talmente vero che diventa realtà. Purtroppo, la maggior parte delle persone non è consapevole delle affermazioni-pensieri che produce nella propria mente. Si lamentano per ciò che loro stessi creano.

Nel Rebirthing il potere del pensiero è riconosciuto. Non c'è nessuno «esterno» a noi che è responsabile di ciò che noi creiamo «dentro» con il potere del nostro pensiero. È una questione di consapevolezza: dove orien-

tiamo la nostra energia?
La affermazioni facilitano il processo di guarigione. Bisogna «affermare» il contenuto di un pensiero e ritenerlo reale, anche se la mente reattiva farà di tutto per invalidarle la sostanza. Essere consapevoli significa vigilanza verso la propria mente. Se un pensiero «vecchio» tenta di contraddire uno «nuovo è normale. L'energia non cambia se stessa facilmente. Bisogna insistere, riprovare, rimanendo sempre consapevoli.
Un'affermazione deve essere chiara. Semplice e chiara. E non dimentichiamo, inoltre, la buona qualità del pensiero. Chiarezza e buona qualità dell'energia sono essenziali. Un'affermazione confusa non è credibile. Bisognerebbe formulare affermazioni talmente chiare e vere che la mente reattiva non trovi nulla da contraddire. In questo modo il messaggio penetra nell'inconscio e crea una nuova realtà.
Le affermazioni si possono usare per cambiare il contenuto dei nostri atteggiamenti interiori. Bisogna ripeterle molte volte. Ci sono parecchi modi creativi per memorizzare nuove affermazioni: registrarle su una cassetta e ascoltarle parecchie volte al giorno, ripeterle allo specchio, respirare in modo circolare mentre si ripetono, gridarle ad alta voce, sussurrarle in metropolitana, farne una canzone.

La legge di risonanza. Nei miei seminari ripeto spesso che la «legge di risonanza» determina la qualità delle nostre esperienze. Di cosa si tratta? Approfondiamo un attimo. Nella fisica gli scienziati sanno bene che la materia è energia che vibra a certe frequenze. Quando si incontrano frequenze uguali si crea una «risonanza» che amplifica il processo. Per esempio: se prendiamo un diapason - cioè la speciale forcina che i musicisti usano per ottenere il «la» di accordatura degli strumenti - e lo mettiamo insieme ad altri centro o mille diapason, se ne colpiamo uno, vibreranno anche gli altri. Ciò riflette la legge di risonanza. Dunque una persona che pensa «sono solo» oppure «nessuno mi ama» o altri pensieri negativi ripetuti, sta vibrando su una particolare frequenza, che attirerà personi simili con frequenze simili. Dopodichè si sparerà. Noi

consigliamo anche come: revolver 7.65.
Scusate l'irriverente provocazione, ma volevo (scherzosamente) affermare che i nostri pensieri possono essere letali. Non possiamo accusare nessuno delle frequenze che noi stessi - inconsciamente - produciamo e dei risultati che creiamo. Cambiare frequenza è dunque una scelta responsabile. Sta a noi cosa pensare e che vibrazione emettere. La vita ci riserva dolori e sofferenze, ma soffrire (e pensare sempre di soffrire!) vuol dire che stiamo usando male il nostro potere. È il riflesso di un mancato atto d'amore verso noi stessi. La vita non riserva solo dolore, ma anche (e soprattutto!) gioia e divertimento.

Le reazioni della mente alle affermazioni. Ogni nuova affermazione determina delle reazioni della mente, che deve difendere i vecchi schemi negativi. Se rimanete attenti (e respirate!) potete osservare questo processo di «invalida» delle nuove affermazioni. Farò qualche esempio.

AFFERMAZIONE: «Merito gioia, salute, felicità.»
REAZIONE 1: «Non è vero!»
AFFERMAZIONE: «Merito gioia, salute, felicità.»
REAZIONE 2: «La mia vita è così sofferente!»
AFFERMAZIONE: «Merito gioia, salute, felicità.»
REAZIONE 3: «Ho bisogno di soffrire!»
AFFERMAZIONE: «Merito gioia, salute, felicità.»
REAZIONE 4: «No! Non è vero! Il dolore mi aiuta a vivere! Mi fa credere che esisto!»
AFFERMAZIONE: «Merito gioia, salute, felicità.»
REAZIONE 5: «No! La felicità non è per me!»
AFFERMAZIONE: «Merito gioia, salute, felicità.»
REAZIONE 6: «Non merito niente! Nessuno mi vuole bene! No, non è vero!»
AFFERMAZIONE: «Merito gioia, salute, felicità.»

REAZIONE 7: «Mi piacerebbe che fosse vero...»
Come vedete, la mente reagisce ed elenca ogni motivo per non credere alla nuova affermazone. È naturale. Ma se continuate nel processo scoprirete gli schemi negativi che vi impediscono di credere nella nuova affermazione. Dietro la convinzione di non meritare può esserci la credenza che «nessuno ci vuole bene», oppure che «ho bisogno di soffrire per sentirmi vivo, per esistere», oppure «senza sofferenza non possò più punire me stesso» e così via. Proseguendo nell'affermazione positiva vi accorgete che la mente comincia a cedere e si «arrende» alla possibilità (per altro positiva) di «meritare gioia, salute, felicità». La reazione «mi piacerebbe che fosse vero...» esprime il bisogno mai soddisfatto.
Spesso, ad ogni risposta della mente, bisogna replicare con varie affermazioni che sostengono quella centrale. Facciamo ancora un esempo.

AFFERMAZIONE: «Merito gioia, salute, felicità.»
REAZIONE 6: «Non merito niente! Nessuno mi vuole bene! No, non è vero!»
AFFERMAZIONE: «Posso arrendermi al fatto che le persone riflettono l'idea che non mi voglio bene. Se mi voglio bene, allora me ne vorranno» e poi proseguire...
AFFERMAZIONE: «Merito gioia, salute, felicità.»

Assumersi la responsabilità. Le affermazioni presuppongono l'assunzione di responsabilità. Ciò che pensiamo diventa realtà. La qualità e la direzione dei nostri pensieri determinano la vita che conduciamo. Il respiro circolare, in fondo è consapevolezza della propria energia. Le affermazioni, invece, manifestano la consapevolezza che siamo responsabili dei nostri pensieri.
Assumersi la responsabilità vuol dire riconoscere il nostro potere creatore. Nel Rebirthing questo concetto è fondamentale. Noi creiamo. Lo facciamo con i nostri pensieri e le scelte. Assumersi la responsabilità significa diventare pienamente coscienti che il nostro potere può determinare grandi

cambiamenti nella nostra vita. Respirare è l'inizio, le affermazioni il proseguimento del lavoro.
La convinzione di «non potersi assumere la responsabilità» implica l'idea che non abbiamo potere, il senso di colpa, il mancato riconoscimento della nostra natura divina. Chi evita di assumersi la responsabilità diventa vittima di se stesso e delle circostanze. Queste convinzioni minano la crescita e la guarigione.
Assumersi la responsabilità significa riconoscere il nostro potere. Ciò che creiamo in una direzione possiamo disfarlo e sostituirlo con qualcosa di più proficuo. È una scelta che «possiamo» fare. Dipende da noi.

Il Rebirthing in acqua fredda. Il Rebirthing trova il suo ambiente ideale in acqua, poichè ricrea l'ambiente del grembo materno. Leonard Orr riporta l'esperienza della nascita di sua figlia, Spirit, avvenuta in una piscina di acqua calda: «Mia figlia è nata sott'acqua. È senz'altro possibile affermare che le condizioni e l'ambiente della sua nascita sono state le migliori possibili. Io e mia moglie abbiamo fatto in modo che nostra figlia restasse collegata al cordone ombelicale ancora per quattro ore dopo la sua nascita.»
In base alle esperienze, da me effettuate, respirare in acqua calda è un'esperienza piacevole: facilita il contatto con il proprio corpo e le proprie emozioni. Ma è possibile respirare anche in acqua fredda. È un'esperienza intensa, che suscita sensazioni altrettanto profonde. È necessario, però, il sostegno di un bravo Rebirther. Abitualmente è un'esperienza che si fa nella formazione professionale o che consiglio a coloro che hanno già fatto molte sedute di Rebirthing, sia fuori che dentro l'acqua calda.

- 3 -

Coccoloterapia ®
l'evoluzione della respirazione consapevole

La Coccoloterapia® è la naturale evoluzione del rebirthing in acqua calda. È una disciplina che sta avendo molto successo. I giornali e la televisione ne hanno parlato ampiamente, considerandola una sintesi originale e innovativa dei più conosciuti strumenti terapeutici delle discipline psicofisiche, attualmente praticate in Europa. Nasce dalla mia esperienza personale di Rebirther.
Una seduta di Coccoloterapia® in acqua calda si svolge in una piscina di acqua termale e dura circa un'ora. Durante i primi 10-15 minuti si stabilisce in acqua il contatto fiducioso tra il «coccolato», che si rilassa mentre viene sostenuto e cullato dolcemente, ed il «coccoloterapeuta». Successivamente si scende sott'acqua per alcuni istanti e l'apnea ricrea per magia la condizione vissuta nel grembo materno. La reazione a questo tipo di stimolazione varia a secondo del vissuto personale: per alcuni è più facile

abbandonarsi. Il risultato che si ottiene è uno stato di profondo rilassamento, in cui si rimane completamente coscienti, mentre si entra in contatto con le emozioni. Grazie al profondo stato di rilassamento e ascolto delle proprie emozioni si acquisiscono nuove consapevolezze sui propri schemi mentali, aiutandoci a liberarci dalle nostre ansie e paure, che troppo spesso ci impediscono di vivere come vorremmo.

Come funziona. La Coccoloterapia® è un'affascinante esperienza che aggiunge nuove conoscenze su noi stessi: è l'ideale catalizzatore per ogni processo di cambiamento e crescita personale, orientato ad accrescere la propria autostima. Infatti, ogni «memoria reattiva» mina la fiducia in noi stessi, nella vita, nelle relazioni interpersonali. La fiducia è essenziale in un processo di guarigione. Ogni coccola è un'apertura fiduciosa.
Durante una seduta di Coccoloterapia®, il corpo riceve lievi massaggi, si rilassa, scende sott'acqua e viene capovolto, torna a galla, respira, riceve carezze e ancora massaggi, poi va di nuovo sott'acqua, viene spinto in maniera dolce e delicata, poi riemerge. Spesso si rimane a galla, mentre il coccoloterapeuta prosegue nel movimento ondulatorio e delicato.
Di solito, durante una seduta di Coccoloterapia®, la persona si sente sostenuta, come poche volte accade nella vita. Quindi esprime emozioni represse, come pianti liberatori, ed emette suoni e vocalizzi spontanei. Durante questa fase il corpo si rilassa profondamente e un profondo senso di benessere invade all'interno.

Aumentare la fiducia. Gli stimoli delicati infondono fiducia. Del resto, è risaputo che il contatto fisico nutre l'autostima e la capacità di affidarsi e abbandonarsi. Il «massaggio californiano», nato negli anni '70 presso il prestigioso Istituto Esalen in California, è forse la testimonianza più efficace. Questo tipo di massaggio cominciò ad assumere una struttura ben definita alla fine degli anni Settanta, ai tempi della guerra del Vietnam, alla quale gli Stati Uniti partecipavano con milioni di soldati.

Nei gruppi terapeutici di Big Sur in California e soprattutto all'Esalen Institute, dove venivano curati i reduci della guerra, venne riscontrato che i partecipanti esprimevano un forte bisogno di toccare ed essere toccati dalle altre persone. Il fatto era in un certo senso nuovo, dal momento che quella necessità di carezze e coccole non era da mettersi in rapporto con stimoli sessuali, ma con un bisogno di protezione e consolazione contro le terrbile avversità che i reduci avevano affrontato durante la guerra. Ne nacque un massaggio, che presto diventò un modello per la guarigione dei rapporti interpersonali. I valori a cui si ispira (il rispetto per l'altro, l'ascolto dei suoi bisogni e la tenerezza nei rapporti con il prossimo) sono elementi fondamentali di questa originale tecnica che ha aiutato milioni di persone a riacquistare una maggiore fiducia in se stessi. La sua caratteristica più importante è l'avvolgimento: la persona si sente «avvolta», circondata, protetta, cullata, sostenuta da mani affettuose. Questa valenza affettiva favorisce, in particolare, la rapida regressione ad uno stato psicologico infantile, permettendo il senso dell'abbandono.

Il bisogno di contatto. Ogni bambino, fin dalla più tenera età, ha bisogno del contatto con la madre e col padre per crescere sano, con un forte senso di autostima e sicurezza in se stesso. Gli psicologi e i pediatri raccomandano ai genitori di toccare e accarezzare il proprio bambino, affinchè si stabilisca un rapporto e una comunicazione non verbale.
I primi cinque anni sono fondamentali per l'apprendimento. In questa fase il bambino è molto ricettivo. Impara ascoltando e imitando. Usa molto il suo corpo: gioca, cade, sperimenta, usa le mani come recettori di esperienza. Il tatto è uno dei sensi più acuti. Dunque il contatto fisico è essenziale. Ma una forma di contatto inizia già nel grembo materno. Il bambino «sente» e «percepisce» i movimenti della madre, la qualità delle parole e delle emozioni. I genitori hanno dunque una grande responsabilità, poichè in questa fase della crescita il bambino recepisce e memorizza moltissimo. Un dolore, uno scontro, un problema di gelosia, o qualunque altra questione irrisolta in famiglia, può essere interiorizzata dal bambino e diventare una

«memoria» che altera la sua visione del mondo. Certo, non si può evitare che un bambino soffra, ma la premura con la quale i genitori coccolano il bambino determina il grado di sicurezza con cui affronterà la vita e le difficoltà che via via incontrerà.
Il bisogno di contatto fisico è un nutrimento. Lo è anche per gli adulti e per questo la Coccoloterapia® da molta importanza al contatto fisico. Come abbiamo visto, i reduci del Vietnam guarivano con sorprendente rapidità grazie al contatto fisico, alle carezze, alla tenerezza, che i terapeuti di Esalen applicavano durante la terapia. Ogni individuo ha bisogno di contatto fisico. L'intimità dei rapporti amorosi nutre questo bisogno fondamentale. Aiuta a sentirsi in contatto con se stessi, con la «radice» fisica, cioè il corpo. Spesso, durante le sedute di Rebirthing, constato che le persone non sono in contatto con se stessi. Non ascoltano il corpo e i suoi messaggi. La mente risucchia la maggior parte della loro energia e blocca il respiro. La prima difficoltà da affrontare è guidare la persona all'ascolto. Mentre respira in modo «ampio e circolare» prende coscienza di avere un corpo che respira. Impara a sentire ogni parte del corpo e l'energia vitale che «entra» con il respiro. Alla fine di una seduta di Rebirthing il livello di autoconsapevolezza aumenta. Eppure, cosa determina questo risultato? Un atto semplice e naturale: il respiro.

Sentirsi leggeri e liberi. Una seduta di Coccoloterapia® in acqua calda si pratica con un coccoloterapeuta formato dalla Scuola di Respiro, ma a volte anche in gruppo. Mi è capitato di lavorare anche con dieci persone in una piscina termale. Il «coccolato» viene sostenuto da due o tre «coccolatori» seguendo le istruzioni del terapeuta. La testa viene massaggiata con particolare attenzione, poichè nel collo si concentrano la maggior parte delle tensioni. Poi i piedi, le ginocchia, le mani. Ogni parte del corpo conserva «memorie» di eventi passati. Per esempio: nelle ginocchia troviamo la paura di perdere le cose, il timore di non farcela nella vita, il rischio di non poter camminare «sulle proprie gambe» e dunque dipendere dagli altri. Le coccole, il respiro, l'acqua calda facilitano la rimozione delle «memorie

emotive» e l'integrazione consapevole.
Durante la Coccoloterapia® si sperimenta una progressiva sensazione di leggerezza e libertà. Le energie bloccate vengono espresse attraverso grida liberatorie, pianti, risate o semplici respiri a pieni polmoni. Le coccole favoriscono l'ascolto interiore e «alleggeriscono» il corpo dalle tensioni accumulate in determinate circostanze. Si sperimenta un senso di rinnovata libertà.

Le regole dell'acqua. Per arrivare a rilassarsi completamente nell'acqua è necessario conoscere le sue regole. Molte persone hanno problemi a rilassarsi in acqua, per paura o non-conoscenza delle regole.
La prima regola è «respiro ampio e profondo», abbastanza rapido, usando esclusivamente la bocca (con il naso ci vuole più tempo). La seconda regola è «bocca chiusa» (ovviamente se la mantenete aperta, a meno che non abbiate un gran sete! berrete! e potremmo dire (possiamo? vero? che non sia piacevole! Siccome mi è capitato spesso di confrontarmi con persone chiacchierone, che non riescono a stare zitte, o che si fanno prendere dal panico, ho inventato un'altra regola, che chiamo «regola del mare mosso». Per comprenderla faccio un esempio: siete su una barca, il mare è mosso e un'onda improvvisa vi sbalza fuori in acqua; il mare in burrasca non vi permette di fare i vostri comodi (giocare con le memorie-ombra), cioè parlare, dire «aspetta un attimo» o sistemare i capelli finiti sul volto, o asciugare l'acqua che sgocciola sul viso. L'acqua permette di prendere solo un respiro ampio e profondo, tra un'onda e l'altra. E questo è tutto. Dunque quando inizio una sessione in acqua calda, insegno queste semplici tre regole: 1) respiro profondo, 2) espirazione lenta (cioè senza aria nei polmoni per il massimo tempo possibile), 3) apnea, quando si riemerge si fa un solo e lungo respiro, 4) poi di nuovo giù, come se si fosse nel mare mosso. E così via, di nuovo e di nuovo... Questa semplice consapevolezza potete provarla, se avete problemi con l'acqua, la prossima volta che siete in piscina. Entrate in acqua con un molla-stringinaso, ad un'altezza che l'acqua vi arrivi sul petto, e con i piedi ben piantati sul

fondo della piscina, fate un respiro profondo, trattenete per un attimo il respiro, piegate le ginocchia, finchè la vostra testa è sommersa e cominciate a espirare solo dalla bocca, leggermente, come per creare un tumulto di bollicine, ma con lentezza. Appena l'aria nei polmoni è finita, rimanete ancora qualche secondo sott'acqua, poi riemergete lentamente e inspirate. Un solo respiro. Poi di nuovo giù. Con gli occhi chiusi. Permettetevi di «sentire» cosa succede mentre lo fate.

Il lavoro del coccoloterapeuta. Inizialmente il coccoloterapeuta inizia a massaggiare la persona e a sbloccare i punti critici. Ciò facilita la sintonia con l'lemento acqua e il terapeuta, il quale, in seguito, prendendolo tra le braccia, lo culla e delicatamente lo immerge sott'acqua, e rimane attento ai tempi di immersione. Quando l'aria nei polmoni è finita (e quindi anche le bollicine) il cliente rimane ancora sott'acqua per qualche decina di secondi, finchè il terapeuta lo riporta a galla, permettendoli di fare un respiro intenso e profondo dalla bocca. Un respiro soltanto. La «riemersione» è una vera e propria rinascita. Spesso durante questa fase la persona inizia a esprimere le proprie emozioni: pianto, rabbia, tristezza, rancore, oppure si sente vitale, più gioioso.
In seguito il coccoloterapeuta utilizza «carezze energetiche» per facilitare il ritorno nel «presente», ai bordi della piscina. La sessione termina spesso con un lungo abbraccio di ringraziamento. E alla domanda «come stai?» la risposta di solito è «da dio!».

- 4 -

Storie e testimonianze
"Una seduta in acqua calda mi ha dato..."

Mi è capitato di lavorare con migliaia di persone. Spesso, alla fine di una seduta di respiro in acqua calda affermano di sentirsi pieni di gioia, rilassati, in armonia con se stessi. È la reazione più comune. Ma cosa in realtà li fa sentire più felici? Cosa determina la sensazione di ri-appropriarsi della propria vita? Direi che, fondamentalmente, la persona trova nell'acqua una maggiore capacità di lasciarsi andare, abbandonarsi, fluire... come solo l'acqua sa fare! Mi è capitato, nel corso della mia esperienza, di assistere a veri «miracoli» in una sola seduta. L'esperienza più incredibile, che mi è accaduta durante il mio lavoro, è quella di una donna, che chiamerò Mara, che fin da bambina aveva il terrore di entrare in acqua, piscina o mare. Nella vasca da bagno metteva appena dieci centimentri di acqua. Con le dovute precauzioni, e dopo una adeguata preparazione, è entrata con me in piscina e ha incominciato a respirare in modo «ampio e circolare», fino a liberare una vecchia memoria di una vita passata, nella

quale era affogata e si sentiva responsabile della morte di altre persone. Alla fine della seduta, Mara nuotava sott'acqua come una bambina, con gioia immensa. Non poteva crederci. Una vecchia storia, che durava da cinquant'anni, l'aveva risolta in un'ora.
Ma non è l'unico caso . Ci sono molte storie, risolte positivamente, dopo una seduta di Coccoloterapia® in acqua calda. A volte sono traumi terribili, che riaffiorano alla coscienza e nello spazio di poche sedute si risolvono. Ciò che bisogna dire è questo: è possibile «rivivere» un dolore senza che succeda nulla di terribile! Infatti, spesso la paura sta nel fatto che possa succedere chissà cosa. Non è così. È solo paura. In realtà l'evento non si ripete nello stesso modo. Non ci sono, nella realtà, gli stessi protagonisti e lo stesso ambiente. È tutto nella mente. Allora, ciò che accade è questo: si «passa» attraverso una memoria-ombra, una, due, tre volte o finchè è necessario, fino al punto che si dis-attiva l'identificazione con le sensazioni e le immagini memorizzate. In quel momento, e solo in quel momento, accade la guarigione.
Spesso le persone temono il nulla. Hanno paura di entrare in uno spazio, da cui non possono tornare. La vera paura è affrontare se stessi. Nessuno può fare nulla per noi, se non facciamo nulla per noi stessi: è la cosa che ripeto spesso, a coloro che entrano in acqua. La cosa più terribile che può accadere è piangere, arrabbiarsi, tirare calci nell'acqua, fare respiri intensi. Sembra così terribile? A volte in un'ora di pseudo-sofferenza si scaricano anni e anni (a volte secoli!) di sofferenza. Dunque, a mio avviso, la cosa più importante è «fluire» nell'esperienza, sapendo di essere sostenuti e aiutati. In acqua non si è mai soli. Alcune sedute possono durare anche due ore, poichè «vengono a galla» diverse memorie. Sono sedute impegnative, ma la persona è sempre sostenuta dal terapeuta.
Quì di seguito ho raccolto alcune testimonianze. Noterete che ognuno scopre la propria «gioia», ossia quel senso di apertura verso il mondo. Il respiro permette alla memoria di attivarsi in maniera spontanea e spesso affiorano situazioni dimenticate, che non credevamo così influenti nella nostra vita. Nelle storie che leggerete c'è un elemento comune: la gioia

della liberazione. Alla fine di una seduta, si può assaporare la leggerezza di una «rinascita» avvenuta in acqua, ma stavolta nel corpo di un adulto. La liberazione da un senso di oppressione, una paura, un risentimento, un dolore... Alla fine, dopo aver nuotato e respirato, la sensazione di benessere è comune a tutti i partecipanti.

Mariangela Bettanini
cantante - Genova

"L'acqua tiepida è un veicolo eccezionale, ideale per re-imparare ad abbandonarsi, lasciarsi andare... e accogliere.... accoglierere il nuovo... che emerge dal profondo di sè stessi e anche dall'altro. Ho imparato ad accogliere la mia rabbia come una cosa naturale. Ho conosciuto soprattutto il mio istinto di sopravvivenza. Ho riconosciuto e sentito il potere che è in me... Infatti ho rivissuto il momento della mia nascita, momento in cui, appena uscita dal ventre di mia madre con parto cesareo, per una disattenzione dei medici, occupati a prendersi cura di lei, ho rischiato di soffocare, abbandonata in un angolo. Ho riconosciuto questo grande potere che è dentro di me, dentro di noi. Questo potere che mi ha aiutata a «inventarmi» il primo respiro, senza cordone ombelicale, nell'aria, da sola come un cane. Sono passata dall'ombra alla luce e ringrazio Paolo Cericola, per avermi aiutata a liberarmi da questo immenso dolore di separazione e abbandono. Poi ho scoperto alcune dinamiche psicologiche con la figura materna e la paura di lasciarmi andare, la paura dell'abbandono. Ora vorrei continuare con coraggio questo viaggio e farmi comprendere e amare. Ora so di meritarlo".

Leonarda Baldassin
insegnante - Venezia

"È faticoso all'inizio, ma decido di intraprendere questa esperienza. Nel tempo è un richiamo molto forte: «il respiro». Lo ascolto entrare e uscire dal mio corpo e le mie tensioni si allentano. Sono una vela che naviga in un mare immenso e si lascia guidare dal ritmo circolare dell'onda che va

e ritorna. Respiro un vento di libertà... e un alito di pace entra nel mio animo. Nella brezza serale un soffio caldo e avvolgente culla il mio cuore di giovane gabbiano ferito. E i miei pensieri ondeggiano tra i ricordi quotidiani... un vortice di memorie mi assale...
Mi ritrovo tra le dune di un deserto sconfinato, vecchio cammello che avanza solitario. Rivedo scorrere il fiume della mia vita, nei momenti più belli, nelle situazioni più tristi, dentro le memorie più recenti e nascoste inconsapevolmente nelle memorie più antiche.
Raggiungo i luoghi più bui e cavernosi e percepisco il dolore che naviga senza meta. Si espande sornione, fluttua inafferabile. E respirando ampio, lo ascolto, lo attraverso.
È un'energia vibrante, memoria di una profonda sofferenza. È un'energia vulcanica che esplode improvvisamente in mille frammenti, in una moltitudine di immagini.
Posso lasciare le mie emozioni vibrare dentro il mio corpo, per poi lascialrle andare libere nel cielo limpido. Respirare è fermarsi, ascoltare il silenzio, guardare dentro fino in fondo all'anima".

Maurizio Mottola
psichiatra e psicoterapeuta - Napoli

"Ho effettuato sedute di Cocoloterapia® in acqua calda con Paolo Cericola e l'intensa esperienza mi ha confermato alcune idee già maturate sul piano personale e nella pratica clinica.
L'esperienza di risanamento tramite la Coccoloterapia© in acqua calda è un tuffo in se stessi, un ri-sperimentare antiche paure, incontrando la parte oscura (l'ombra). È l'opportunità di sprofondare nel rilassamento, un arrendersi fiduciosi. È contattare la riconciliazione con se stessi, laddove ci trattiamo spesso con inimicizia, insensibilità, superficialità.
Ed alla fine del percorso c'è allora la guarigione, ovvero l'accettazione della propria umanità e quindi anche dell'esperienza dell'essere malati e dei suoi significati".

Sonia Brozzetti
casalinga - Assisi

"Ho 32 anni, sono spostata con Giorgio ed abbiamo due bambini. Abbiamo deciso di noleggiare un camper per la prima volta nella nostra vita, con l'intenzione di trascorrere una vacanza diversa. Ci siamo fermati nell'isola d'Ischia e abbiamo partecipato alle iniziative del villaggio della Scuola di Respiro e ho conosciuto la Coccoloterapia® in acqua calda. Era come se al centro del mio petto non ci fosse più il cuore di sempre, ma un cuore in espansione a tal punto che in certi momenti avevo la sensazione che il mio piccolo torace non riuscisse più a contenerlo. Durante il respiro in acqua calda ho pianto, per liberarmi da vecchi ricordi legati all'infanzia, che ancora condizionano fortemente la mia vita. In quei momenti ero un'aquila e mi sembrava di volare! All'inizio ho posto qualche resistenza per la paura di andare a vedere chi sono veramente. Ho sempre avuto problemi con la mia fisicità e di conseguenza non ho mai vissuto naturalmente il contatto fisico con le altre persone. Durante la seconda seduta di Coccoloterapia© ho superato la paura dell'acqua (da bambina stavo per annegare) e mi sono concentrata sul respiro e ho percepito completamente il mio corpo. Ho ascoltato le sensazioni che un corpo può provare e sono riuscita ad annullare tuti i pensieri che non smettono mai di tormentare la mia vita: è stata un'esperienza fantastica, una vera e propria rinascita".

Giorgio Antonelli
albergatore - Assisi

"Io ad Ischia non ci volevo proprio andare. Capirai, scegliere - per una vacanza senza figli - tra le isole Maldive e quella specie di villaggio del pensiero positivo... ma volete mettere! Non c'è paragone: tra splendide immersioni nell'oceano Indiano e perdite di tempo in meditazioni per stare meglio con se stessi, scelgo le Maldive. Così decisi di non seguire Sonia nella sua intenzione di trascorre una settimana al villaggio della Scuola di

Respiro e del respiro in acqua calda. Già lì incominciarono le prime avvisaglie che qualcosa stava accadendo, sentivo dentro di me la paura di perdere mia moglie, Cominciai a temere che succedesse qualcosa di imprevedibile. Ma alla fine, quando la raggiunsi ad Ischia, la trovai completamente trasformata dopo una seduta di Cococloterapia© (abbracciava con una tale naturalezza! proprio lei che per 15 anni aveva problemi con la fisicità!!) e mi spiegava sommariamente la cosa.
Così arriva il mio turno ed entro in acqua, comincio a fidarmi, il mio corpo comincia a respirare. Anche la mente si libera e sensazioni fortissime mi attraversano il corpo, centinaia di immagini passano davanti a me, apparentemente senza filo logico. La fortissima sensazione di essere all'interno dell'utero e rivivere la nascita, gli odori, i suoni, tutto così incredibilmente vero. Le mie grandi paure che venivanoi a galla, ma finalmente ho cominciato a volare, libero come un'aquila. Ogni seduta di Coccoloterapia® mi ha fatto rivivere emozioni devastanti, ho parlato con mio padre che non è più quì, ho incontrato il mio spirito guida, ho annullato lo spazio-tempo ed ho rivissuto la mia infanzia fin nei minimi particolari, ho riso e ho pianto. Da questa esperienza è nato un sogno, e cioè fare in modo che tutti possano vivere quello che è accaduto a me, ed insieme alla persona per me più importante, Sonia, abbiamo costruito un centro dove, se uno veramente lo vuole... i sogni diventano realtà".

Andreana Brambilla
terapista shiatsu - Parma

"Ho conosciuto il Rebirthing in acqua calda nel 1997 e successivamente la coccoloterapia®. All'inizio mi sembrava quasi imposibile poter essere cullati e accompagnati sott'acqua e contemporaneamente respirare senza panico. Sentivo che per la prima volta avrei dovuto affidarmi e fidarmi del terapeuta e la cosa mi spaventava, ma la curiosità e la voglia di sperimentare furono superiori. All'inizio sentivo il mio corpo rigido e la mia mente cercava di mantenere il controllo, portando attenzione a quello che succedeva intorno a me. Mi sono sentita cullata con dolcezza e dopo l'immersione ricordo che l'ultimo pensiero razionale fu: «Incredibile! Non sono mai stata così a lungo sott'acqua! »Era come se come se fossi diventata «uno con l'acqua e il battito del mio cuore si espandeva, insieme ad una sensazione di calore. Alla fine ero davvero convinta di essere nel ventre materno e l'emozione più intensa era Amore".

NOTA. Le testimonianze raccolte sono state autorizzate per la pubblicazione nel presente libro e sono archiviate presso la Scuola di Respiro.

- 5 -

Il legame tra respiro e sessualità
la fiducia nella propria forza creativa

Nel corso degli anni mi è capitato di osservare il comportamento delle persone in acqua calda. La Coccoloterapia® nutre il corpo e permette l'ascolto delle proprie sensazioni. Ma le coccole sembrano far paura. Perfino gli abbracci sono spesso fonte di tensione. Durante le sessioni di Cocoloterapia© in acqua calda si raggiunge un'intimità con il terapeuta, a volte così profonda da spaventare la persona, poichè alcuni si rendono conto che neppure con il proprio partner raggiungono questa intimità. Ciò è normale. La mente attiva le difese e il controllo (Oh, dio! uno sconosciuto in acqua! chi è? cosa fa?!) e dunque è difficile rilassarsi, permettersi di ascoltare il proprio corpo, la propria capacità di godere.
In molti casi ho notato che la paura del «contatto» blocca il respiro. Mi ritrovo a ripetere parecchie volte: «Continua a respirare... respiro ampio... respiro ampio... respira... respira... ampio... continua... lascia andare... lascia...». Eppure noto la difficoltà. Credo che ciò nasca dalle paure e condizionamenti che abbiamo - tutti! - sul tema della sessualità. Il controllo

che esercitiamo è fortissimo. Niente emozioni, niente piacere. Niente vita!! Prima il DOVERE! Per carità! Non mi lascio andare se prima non capisco come stanno le cose!! Ma non c'è nulla da capire! L'esperienza è più della ragione. L'esperienza nutre il corpo. La ragione blocca. In questo spazio di non-fiducia (in se stessi!) non può accadere nulla di buono. La paura è come un cancello d'acciaio che non fa passare nulla! E la chiave l'abbiamo soltanto noi! Sta dentro! Nessuno può aprire da fuori!
La sessualità è forza creativa. Se siamo rilassati quando facciamo sesso il respiro diventa ampio e profondo in modo naturale. Rilassamento, respiro, piacere. Sono collegati. Ecco perchè, dopo molti anni di esperienza con la Coccoloterapia© in acqua calda, amo ripetere che aprirsi alla vita significa respirare la propria sessualità, la propria forza creativa e divina, che giace in ognuno di noi. Sesso, respiro, rilassamento.
Non c'è piacere, infatti, senza un respiro rilassato. Ci avete mai fatto caso? Quando siete tranquilli, abbracciati al vostro compagno, distesi sul letto, con gli occhi chiusi... cosa succede? Il respiro è calmo e tranquillo. È fluido. Come mai? Ciò accade perchè il corpo ha una saggezza innata: sa bene che il piacere è associato al respiro profondo e tranquillo.
Durante i gruppi di Cocoloterapia© in acqua calda si crea facilmente un'atmosfera di intima relazione umana e l'energia del cuore prende il sopravvento. Le persone ascoltano. Parlano con il corpo e il respiro. È inevitabile. La Coccoloterapia© in acqua calda si concentra sulle emozioni, sensazioni, respirazione. Si lavora nella direzione di non far predominare la mente. In questo modo diventa facile entrare in «contatto», ascoltarsi, ascoltare, comunicare, relazionarsi. Tutto ciò è sessualità della comunicazione. Cioè è vita che fluisce, energia che si espande. È amore.

Chakra-breathing e sessualità. Il Chakra-breathing è il respiro vitale dei chakra, cioè dei centri di energia dell'aura umana. Si può respirare con i polmoni, ma anche - pensate! - con la nostra aura! Sì, proprio così. Ogni chakra (vortice di energia eterica) respira. Come? Assorbendo prana, cioè energia. Il termine «prana» in lingua sanscrita vuol dire «soffio vitale»

(ancora il respiro!). Dunque, durante la respirazione consapevole, i nostri chakra assorbono prana. Inoltre, espellono scorie eteriche. Come potete vedere, la respirazione coinvolge molti aspetti del nostro essere. Nei miei seminari utilizzo la «respirazione dei chakra» (Chakra-breathing) per rivitalizzare il corpo di energia. Si tratta di esercizi di respirazione accompagnati dal ritmo di una musica, per facilitare il movimento dell'energia. Il chakra sessuale respira. Oppure, come spesso accade, ha il fiato... corto! L'energia rimane bloccata all'interno del chakra a causa dei condizionamenti, paure, credenze personali. Il respiro ampio e circocolare può facilitare l'ascolto del proprio bacino e l'attivazone del chakra sessuale. È un'esperienza affascinante, che spesso organizzo in gruppo.
Il respiro consapevole ci porta in contatto con il nostro corpo. È proprio con il corpo che proviamo piacere! La mente razionalizza le sensazioni, ma in definitiva, non ci consente di provare l'emozione «fisica» del piacere. Nel Respiro della Memoria© è fondamentale osservare la sensazione, interrompere il giudizio. Bisogna accogliere la percezione, respirarci dentro, assecondarla e - se lo facciamo in coppia - descriverle al nostro partner. Ciò facilita la comprensione e l'origine di una paura, una difficoltà, o magari un blocco comportamentale. Comunicazione e respiro permettono la guarigione.
Rebirthing, Chackra-breathing e Coccoloterapia® sono ottimi strumenti per recuperare il contatto con il proprio corpo e sessualità. In definitiva, si tratta sempre di respiro (ancora, direte!). Ebbene sì. Il respiro può fare miracoli: basta usarlo in modo cosciente. Abitualmente nei nostri rapporti «sensuali e sessuali» tendiamo a bloccare il respiro. Basta osservare cosa succede quando due persone si scambiano un abbraccio amichevole: la stretta è poco intensa e i bacini sono distanti. Ci avete fatto caso?
Ritmo, respiro e voce sono gli strumenti che utilizzo per recuperare la fiducia nella propria sessualità. Il ritmo facilita il movimento dell'energia. Il respiro permette l'ascolto. La voce l'espressione. Infatti, il suono prolungato della lettera U - ad esempio - batte come un martello sul chakra sessuale e apre la porta... chiusa! Un semplice suono «respirato» riesce a

raggiungere simili risultati. Oppure, come in altri casi, occorre esprimere la propria rabbia, gridare il rancore di un rapporto di coppia fondato sul giudizio e la colpa, per ri-trovare la propria vitalità sessuale.

Superare la paura. Spesso all'origine di problemi sessuali c'è la paura. Esprimere le proprie emozioni e sentire il corpo che prova piacere può far paura. Dopo una vita trascorsa a controllare, giudicare, razionalizzare, il respiro può far breccia nei condizionamenti e alterare i vecchi riferimenti che - pur essendo una difesa rispettabile - impediscono al flusso di energia di nutrire il proprio corpo con sensazioni intense e piacevoli. Bisogna andare cauti. Il rispetto è fondamentale. L'ascolto è essenziale. Non si può superare la paura di molti anni solo mettendosi a respirare. Bisogna creare un clima di fiducia. Occorre prepararsi lentamente, cominciare a respirare e prendersi il «proprio tempo». Il recupero del piacere è un percorso fondato sulla gentilezza, l'ascolto rispettoso, la tenerezza, le coccole, la fiducia. Bisogna essere gentili con se stessi.
I vecchi condizionamenti e le paure sono stratificati. Il respiro può essere un percorso «accellerato», ma bisogna comunque andare cauti. La sfera sessuale mette in gioco l'intera personalità dell'individuo. Recupare l'ascolto delle proprie emozioni significa ascoltare innanzitutto i limiti, i tempi, gli strumenti adeguati alla propria personalità.

Il Respiro del Tantra. In Oriente il Tantra è la pratica di discipline che consentono all'individuo di giungere all'illuminazione attraverso il piacere e l'estasi. L'orgasmo è visto come una potente scarica di energia vitale che facilita l'espansione della coscienza. Si utilizza il respiro, i mantra (suoni) e una serie di esercizi fisici che attivano i centri di energia all'interno del corpo. Dunque la respirazione ha un ruolo fondamentale nel Tantra e permette il recupero della propria capacità di sentire il piacere. Il Respiro del Tantra è un gruppo «protetto» in cui si lavora sulla consapevolezza della propria aura, il ritmo del respiro, la mobilità del bacino, la voce e la fisicità, insieme ai metodi di Coccoloterapia® in acqua calda.

- 6 -

Meravigliose creature
l'esperienza della propria bellezza interiore

Vorrei raccontarvi una storia personale. Spesso saluto gli amici con l'espressione «buon giorno, meravigliosa creatura!». Ormai sanno che fa parte del mio linguaggio. Eppure, pochi credono veramente di essere creature meravigliose. È più facile credere che siamo brutti, che non meritiamo amore, complimenti, parole gentili, coccole, tenerezza, gioia, felicità. Non meritiamo nulla di tutto questo. È più facile credere che siamo pessime creature, venute al mondo per soffrire!

Il Rebirthing mi ha insegnato che siamo esseri spirituali venuti sulla Terra per fare esperienza. Siamo immortali e portatori di una scintilla divina. Siamo meravigliosi. Ma non ci crediamo. Ho già accennato al potere delle affermazioni: possiamo credere ciò che vogliamo. Basta ripeterlo. Quando superiamo la barriera del controllo e ci abbandoniamo alla saggezza dello spirito divino, custodito nel nostro cuore, ricordiamo chi siamo. Respiriamo e ricordiamo.

Ho scoperto di essere una creatura meravigliosa una mattina guardandomi allo specchio. Mi sono osservato a lungo e un lampo mi ha acceso il cuore: sono una creatura meravigliosa, così come sono, con limiti e pregi! Mi accetto! Mi voglio bene! È stato uno dei momenti più pieni della mia vita. Non pensavo di essere così...bello! Da allora l'espressione «creatura meravigliosa» è parte del mio linguaggio abituale e mi piace salutare gli amici in questo modo.

La Coccoloterapia® è un percorso spirituale e il respiro è il mezzo con cui si scopre se stessi, il potenziale di amore, la fonte di gioia e di bellezza che è racchiusa nel nostro cuore. Dopo un ciclo prolungato di sedute di Coccoloterapia® scopriamo di essere «meravigliosi» e che la vita può offrirci molte opportunità per essere felici. Sta a noi coglierle e riconoscerle. Crediamo in false idee e ci hanno insegnato a reprimere le emozioni, i sentimenti, la propria opinione. Ci hanno insegnato la colpa e il giudizio. Crediamo di sapere molte cose su noi stessi e gli altri. Crediamo. La verità interiore è invece un'esperienza, che ognuno fa secondo i suoi tempi e le sue modalità. Nessuno può essere forzato o spinto verso una direzione. È una scelta personale. Una scelta che parte da dentro. Quasi sempre si comincia col desiderio di guarire la nostra vita. A volte il dolore è la molla che attiva il cambiamento. Ma ne vale la pena, se ci riappropriamo della «creatura meravigliosa» presente in noi. La Coccoloterapia© e la respirazione in acqua calda rappresentano uno strumento eccezionale per tornare ad essere ciò che siamo. È vita.

una creatura meravigliosa...

note

note

prima edizione febbraio 2000
----
seconda edizione riveduta e corretta: **settembre 2014**
stampato con la piattaforma di self publishing e print on demand
www.lulu.com

www.ingramcontent.com/pod-product-compliance
Ingram Content Group UK Ltd.
Pitfield, Milton Keynes, MK11 3LW, UK
UKHW020232250726
13967UKWH00001B/332

9 781326 641030